I0074680

INSTALLATIONS D'AIR COMPRIMÉ ET D'ÉLECTRICITÉ

(PROCÉDÉS Victor POPP)

Siège social : 54, rue Étienne-Marcel, PARIS

TRANSPORT ET DISTRIBUTION

DE LA

FORCE MOTRICE PAR L'AIR COMPRIMÉ

Système appliqué à Paris par la Compagnie Parisienne de l'air comprimé

Usine : 8 à 16, rue Saint-Fargeau. — Force : 5,000 chevaux-vapeur

Stations horaires: 7, rue Sainte-Anne, & 6, rue Franche-Comté

PARIS

IMPRIMERIE ET LIBRAIRIE CENTRALES DES CHEMINS DE FER

IMPRIMERIE CHAIX

SOCIÉTÉ ANONYME AU CAPITAL DE SIX MILLIONS

Rue Bergère, 20

1889

INSTALLATION D'AIR COMPRIMÉ ET D'ÉLECTRICITÉ

(PROCÉDÉS Victor POPP)

Siège social : 54, rue Étienne-Marcel, PARIS

TRANSPORT ET DISTRIBUTION

DE LA

FORCE MOTRICE PAR L'AIR COMPRIMÉ

Système appliqué à Paris par la Compagnie Parisienne de l'air comprimé

L'air comprimé est l'agent qui se prête le mieux à la distribution de la force motrice à distance.

Ni l'eau, ni la vapeur, ni le gaz, ni l'électricité ne lui sont comparables sous le rapport des avantages qu'il présente au point de vue de la facilité avec laquelle il se transporte, se divise, se distribue et s'installe, soit dans les ateliers, soit dans les habitations.

Cet agent de transmission de force n'est influencé ni par le froid ni par la chaleur — il ne dégage ni vapeur ni fumée; — il est *entièrement inoffensif*, même lorsqu'il est mis ou laissé à la disposition de personnes *absolument inexpérimentées*.

Il y a plus de vingt ans que l'air comprimé a prouvé qu'il était l'agent moteur s'appropriant le mieux à toutes les exigences d'un service délicat, quelque compliqué qu'il fût. Le percement du Mont-Cenis est là pour le prouver et, depuis cette époque, l'emploi de l'air comprimé s'est vulgarisé chaque jour, principalement tout d'abord — il faut le reconnaître — là où les autres agents de force motrice étaient exclus par suite des inconvénients qu'ils présentent.

Après le percement du Mont-Cenis sont venus ceux du Saint-Gothard et de beaucoup d'autres tunnels. De nombreuses installations de distribution d'air comprimé ont été faites dans les mines; et si l'on peut dire que l'air comprimé s'imposait pour les grands percements, quel que fût son prix, il n'en a pas été de même dans les mines où l'air a dû satisfaire à des conditions économiques qui, réalisées, lui ont permis de s'y maintenir et de s'y développer, à l'exclusion, on peut dire générale, de tout autre système de transmission de force.

Pour démontrer que l'air comprimé n'a pas de limite dans ses applications, on ne saurait citer des faits plus saisissants que ses applications à Terni et à *Paris*.

Aux usines métallurgiques de Terni, près de Rome, une puissance de 1,500 chevaux est employée à comprimer l'air nécessaire au fonctionnement des grues et autres appareils, parmi lesquels se trouve un marteau-pilon de 100 tonnes.

A Paris, les applications de l'air comprimé sont aujourd'hui si multiples et si variées qu'il nous serait difficile de les énumérer toutes : il nous suffira de dire que cet agent — plié à toutes les exigences — actionne aussi bien une machine à coudre que des appareils nécessitant une force de 100 chevaux et au-dessus : il s'introduit discrètement dans nos habitations pour élever les liquides — produire le froid — indiquer l'heure avec une précision mathématique — y faire jaillir la lumière électrique — actionner des ascenseurs, etc., etc.

La production du froid par la détente de l'air comprimé est d'une utilité telle qu'à elle seule elle semblerait pouvoir motiver l'installation de l'air comprimé dans la plupart des grandes villes.

Produire le froid est chose aujourd'hui si peu dispendieuse — d'après les procédés employés dans Paris par la *Compagnie Parisienne de l'air comprimé* — que, dans un avenir prochain, il pénétrera dans les habitations bourgeoises au même titre que la force et la lumière électriques — pour y rendre tous les services dont il est susceptible.

En dehors des avantages que l'air comprimé rend comme agent de transmission de force, il en est un d'un ordre purement hygiénique, mais qui a sa réelle importance. L'air comprimé — après avoir donné son énergie mécanique — en s'échappant du moteur, rafraîchit et purifie l'atmosphère du local où se trouvent placés le moteur et les outils qu'il actionne. On sait les graves inconvénients résultant pour la santé des ouvriers de l'agglomération dans laquelle ils vivent et travaillent. On connaît l'effrayante rapidité avec laquelle, dans ces milieux, se développent les microbes de toute nature. Dans les hôpitaux une prise d'air comprimé, disposée suivant les besoins, suffirait à ventiler et purifier les salles de malades, de dissection, les amphithéâtres, etc., etc.

La preuve la plus palpable qu'on puisse donner de la faveur qu'a rencontrée à Paris cet agent de transmission de force, se trouve implicitement renfermée dans la liste ci-contre d'une partie des abonnés de la *Compagnie Parisienne de l'air comprimé*. — Il faut enfin remarquer que, si depuis près de dix ans, le service des horloges pneumatiques est assuré à Paris sur la voie publique et chez les particuliers au moyen de l'air comprimé, il y a à peine deux ans que la Compagnie a inauguré son service de distribution de force motrice pour tous les usages industriels; que chaque jour, pour ainsi dire, de nouvelles applications surgissent, prouvant ainsi que le succès obtenu est dû non à un engouement passager, mais à la réalité des services que rend cet agent de transmission de force.

Paris, 1er juillet 1889.

EXPLOITATION DE LA COMPAGNIE PARISIENNE DE L'AIR COMPRIMÉ

Au 1ᵉʳ Juillet 1889

DANS PARIS

RÉSEAU DES CONDUITES D'AIR COMPRIMÉ DANS PARIS

AU 1ᵉʳ JUILLET 1889

A. — Longueur des conduites pour la distribution de la *Force motrice* et des *diverses applications* . . . . 55.000 Mètres.

B. — Longueur des conduites destinées au Service horaire . . . . 65.000 —

LONGUEUR TOTALE DU RÉSEAU . . . . 120.000 Mètres.

ABONNEMENTS CONTRACTÉS AU 1ᵉʳ JUILLET 1889

A. — Force.

401 Moteurs représentant **1,837** chevaux et **1,108** kilogrammètres, se divisant comme suivants :

75 moteurs à 6 kilogrammètres.
7 — à 12 kilogrammètres.
26 — à 24 kilogrammètres.
58 — à 1/2 cheval.
62 — à 1 cheval.
56 — à 2 chevaux.
57 — à 4 chevaux.
14 — à 6 chevaux.
9 — à 10 chevaux.
6 — à 12 chevaux.
4 — à 15 chevaux.
7 — à 20 chevaux.
2 — à 30 chevaux.
18 — à 50 chevaux.

En plus diverses applications, 52 appareils divers.

B. — Réfrigérants et chambres froides.

185 chevaux.

C. — Électricité.

17,589 lampes à incandescence.
680 lampes à arc.

D. — Service horaire.

7,839 pendules.

NOMENCLATURE

DES

VOIES PUBLIQUES CANALISÉES

POUR LA DISTRIBUTION DE L'AIR COMPRIMÉ DANS PARIS

Au 1ᵉʳ Juillet 1889

LONGUEUR TOTALE DES CONDUITES : 55,000 MÈTRES

1ᵉʳ arrondissement.	2ᵉ arrondissement.
Rue Berger.	Rue d'Argout.
Rue des Capucines.	Rue d'Aboukir.
Rue Duphot.	Rue d'Antin.
Rue Étienne-Marcel.	Boulevard Bonne-Nouvelle.
Rue Gomboust.	Rue Beauregard.
Rue des Halles.	Rue Blondel.
Rue des Innocents.	Boulevard des Capucines.
Rue de la Ferronnerie.	Rue du Croissant.
Rue de la Lingerie.	Rue de Cléry.
Quai du Louvre.	Rue du Caire.
Rue du Louvre.	Passage du Caire.
Rue de la Feuillade.	Place du Caire.
Rue Molière.	Rue des Capucines.
Rue Montmartre.	Rue Daunou.
Rue Montorgueil.	Rue Dussoubs.
Rue Montpensier.	Rue Étienne-Marcel.
Boulevard de la Madeleine.	Rue Feydeau.
Avenue de l'Opéra.	Rue des Forges.
Place de l'Opéra.	Rue des Filles-Dieu.
Rue des Petits-Champs.	Rue Greneta.
Rue des Pyramides.	Rue Gaillon.
Rue du Pont-Neuf.	Rue du Hanovre.
Rue de Rivoli.	Boulevard des Italiens.
Rue de Rambuteau.	Rue des Jeûneurs.
Rue Saint-Honoré.	Rue de la Feuillade.
Rue Saint-Denis.	Rue de la Michodière
Boulevard de Sébastopol.	Rue Montmartre,
Rue Sainte-Anne.	Rue Montorgueil.
Rue Thérèse.	Rue Marie-Stuart.
Rue de Turbigo.	Rue du Nil.
Quai des Tuileries.	Avenue de l'Opéra.
Rue Vivienne.	Rue des Petits-Champs.
Place Vendôme.	Rue des Petits-Carreaux.
Place des Victoires.	Rue Paul-Lelong.
Quai de la Mégisserie.	Rue Poissonnière.
Rue du Marché-Saint-Honoré.	Boulevard Poissonnière.

2ᵉ arrondissement (suite).

Passage des Panoramas.
Rue du Quatre-Septembre.
Rue Réaumur.
Rue Saint-Spire.
Rue Saint-Augustin.
Rue du Sentier.
Rue Sainte-Foy.
Boulevard de Sébastopol.
Boulevard Saint-Denis.
Rue Sainte-Anne.
Rue Saint-Sauveur.
Rue de Tracy.
Rue de Turbigo.
Rue Thorel.
Rue Thévenot.
Rue d'Uzès.
Rue Vivienne.
Place des Victoires.

3ᵉ arrondissement.

Rue des Archives.
Rue Bailly.
Rue Béranger.
Rue de Bretagne.
Rue Barbette.
Rue Beaubourg.
Rue Blondel.
Rue Charlot.
Rue Chapon.
Rue Caffarelli.
Rue Commines.
Rue Dupetit-Thouars.
Rue Debelleyme.
Impasse Froissard.
Rue des Francs-Bourgeois.
Rue Grenela.
Rue des Gravilliers.
Rue des Filles-du-Calvaire.
Rue de Franche-Comté.
Rue des Minimes.
Rue Notre-Dame-de-Nazareth.
Rue Montmorency.
Rue Portefoin,
Rue de la Perle,
Rue des Quatre-Fils,
Rue Quincampoix.
Rue Réaumur.
Place de la République.
Rue de Rambuteau.
Rue Saint-Martin.
Boulevard de Sébastopol.
Rue Saint-Claude.
Boulevard Saint-Denis.

3ᵉ arrondissement (suite)

Rue de Saintonge.
Rue Sainte-Elisabeth.
Boulevard Saint-Martin.
Rue Saint-Anastase.
Rue de Turenne.
Rue du Temple.
Rue de Turbigo.
Boulevard du Temple.
Rue Thorigny.
Rue Volta.
Rue du Vert-Bois.
Rue Vieille-du-Temple.
Rue Basse-du-Rempart.

4ᵉ arrondissement.

Quai de l'Archevêché.
Pont de l'Archevêché.
Rue des Blancs-Manteaux.
Rue du Bellay.
Rue des Deux-Ponts.
Rue des Francs-Bourgeois.
Quai de Gesvres.
Rue des Guillemites.
Quai de l'Hôtel-de-Ville.
Passage Pecquay.
Rue du Pont-Louis-Philippe.
Rue Quincampoix.
Rue de Rivoli.
Rue de Rambuteau.
Rue Saint-Martin.
Rue Simon-le-Franc.
Rue Saint-Merri.
Rue Saint-Louis-en-l'Ile.
Rue Saint-Antoine.
Rue de Turenne.
Rue du Temple.
Rue Vieille-du-Temple.

5ᵉ arrondissement.

Pont de l'Archevêché.
Rue de Bordeaux (Halle-aux-Vins).
Le Grand-Préau (Halle-aux-Vins).
Quai Saint-Bernard.
Pont de la Tournelle.
Quai de la Tournelle.

8ᵉ arrondissement.

Rue Duphot.
Place de la Concorde.
Place de la Madeleine.
Rue de Provence.
Rue Royale.
Rue Saint-Lazare.

9ᵉ arrondissement.

Rue d'Aumale.
Boulevard des Capucines.
Rue de la Chaussée-d'Antin.
Rue Caumartin.
Rue Cadet.
Rue Chauchat.
Rue Drouot.
Rue Halévy.
Boulevard des Italiens.
Rue Lafayette.
Rue de La Rochefoucauld.
Rue Meyerbeer.
Place de l'Opéra.
Boulevard Poissonnière.
Rue de Provence.
Rue Rossini.
Rue Saint-Lazare.
Rue Scribe.
Place de la Trinité.
Faubourg Montmartre.
Rue Basse-du-Rempart.

10ᵉ arrondissement.

Rue de l'Aqueduc.
Boulevard Bonne-Nouvelle.
Rue de Bondy.
Rue Beaurepaire.
Rue Bichat.
Rue de Chabrol.
Rue de la Douane.
Rue d'Enghien.
Rue d'Hauteville.
Passage de l'Industrie.
Quai Jemmapes.
Rue Lafayette.
Rue des Petites-Écuries.
Faubourg Poissonnière.
Faubourg Saint-Denis.
Boulevard Saint-Denis.
Boulevard Saint-Martin.
Faubourg Saint-Martin.
Rue Saint-Maur.
Quai de Valmy.

11ᵉ arrondissement.

Rue Anthony.
Rue d'Angoulême.
Rue Amelot.
Boulevard de Charonne.
Rue de Charonne.
Rue Fontaine-au-Roi.
Quai Jemmapes.
Boulevard de Ménilmontant.
Rue Oberkampf.
Rue de la Folie-Méricourt.
Place de la République.
Boulevard Richard-Lenoir.
Faubourg Saint-Antoine.
Rue Saint-Maur.
Faubourg du Temple.
Rue Tiquetonne.
Quai de Valmy.
Boulevard Voltaire.

12ᵉ arrondissement.

Place de la Bastille.

18ᵉ arrondissement.

Rue Bouchardon.

19ᵉ arrondissement.

Rue de Belleville.
Rue Clavel.
Rue Rébeval.
Rue Vincent.

20ᵉ arrondissement.

Rue des Amandiers.
Rue de Belleville.
Boulevard de Charonne.
Rue Delaître.
Rue des Pyrénées.
Rue des Panoyaux.
Rue Saint-Fargeau.
Passage des Mûriers.

NOMENCLATURE

DES

DIVERSES APPLICATIONS DE L'AIR COMPRIMÉ

Au 1ᵉʳ Juillet 1889

DANS PARIS

A. — FORCE MOTRICE

APPLICATIONS MÉDICALES

Dᴿ Dupont,	17, rue des Pyramides,	Bains d'air,	
Dᴿ Dupont,	17, rue des Pyramides,	Électricité médicale,	6 kilogrammètres.
Dᴿ Dupont,	17, rue des Pyramides,	Éclairage électrique,	1/2 cheval.
Dᴿ Apostoli,	5, rue Molière,	Statistique,	6 kilogrammètres.
Dᴿ Michaels,	45, avenue de l'Opéra,	Appareil dentaire,	6 kilogrammètres.
Dᴿ Clément,	62, rue de Provence,	Électricité médicale,	6 kilogrammètres.
Dᴿ Sereno,	14, rue Thérèse,	Électricité médicale,	6 kilogrammètres.
Dᴿ Kuhn,	3, rue Scribe,	Appareil dentaire,	2 de 6 kilogrammètres.

ASCENSEUR ET MONTE-CHARGE

Gilot père et fils,	87, r. des Petits-Champs,	Monte-charge,	1/2 cheval.
Hotel Lille et Albion,	rue Saint-Honoré.		

BROYEUSES

Mᵐᵉ Colliard,	14, faubourg St-Denis,	Broyeuse d'encre lithogr.	2 chevaux.
Lagarde,	95, r. des Petits-Champs,	Broyeuse,	1/2 cheval.
Bourdin,	56, rue Montorgueil,	Broyeuse,	2 chevaux.
Ballin et Simon,	219, rue Saint-Denis,	Broyeuse,	2 chevaux.

CHALUMEAUX

Gaillard,	101, rue du Temple,	4 Chalumeaux.
Borgest,	7, rue Charlot,	3 Chalumeaux.
Grégoire,	156, rue Saint-Denis,	1 Chalumeau.
Walbert,	5, r. des Guillemittes,	18 Chalumeaux.
Sancan,	30, r. N.-D.-de-Nazareth,	6 Chalumeaux.
Magnen,	11, rue Tiquetonne,	1 Chalumeau.
Morand,	114, rue de Turenne,	1 Chalumeau.
Gabillard,	208, rue Saint-Maur,	Chalumeaux.
Samson,	9, rue Béranger,	Chalumeaux.
Moltini,	rue du Château-d'Eau,	1 Chalumeau.

ÉLÉVATION DES LIQUIDES

Halles aux Vins,	Quai de Bercy,	Manipulation des vins.
Chellé,	3, boul. des Capucines,	Élévation de bière.
Néel,	27, boul. des Italiens,	Élévation de bière.
Ayer,	11, boul. Bonne-Nouvelle,	Élévation de bière.
Ayer,	279, boul. Saint-Denis,	Élévation de bière.
Schloesing,	13, rue Royale,	Élévation de liquides.
Foissin,	127, faub. du Temple,	Élévation de liquides.
Miller,	41, rue Saint-Augustin,	Élévation de liquides.
Soc. française de brasserie,	24, boul. Poissonnière,	Élévation de bière.
Café de Paris,	Avenue de l'Opéra,	Élévation de bière.
Café Américain,	Boulevard des Italiens,	Élévation de bière.
Hertaux,	Halle aux Vins, 4, rue de Languedor,	Manipulation des vins.
Froger,	42, boulevard Sébastopol,	Élévation de bière.
Reggio,	36, boulevard Sébastopol,	Manipulation des vins.
Lenoble,	34, boulevard Sébastopol,	Élévation de bière.
Chauvet,	39, boul. des Capucines,	Élévation de bière.
Joudon,	139, rue Montmartre,	Élévation de bière.
Paly,	6, boulevard Sébastopol,	Élévation de bière
Gourdon,	2, place de la Madeleine,	Élévation de bière.
Montagnes Russès,	28, boul. des Capucines,	Élévation de bière.
Durand,	2, place de la Madeleine,	Élévation de bière.

ESSOREUSES

Antoine,	17, r. d. Petits-Carreaux,	1 Machine,	1/2 cheval.
Boufflers,	1, rue Saint-Spire,	1 Machine,	1/2 cheval.
Hébert,	62, rue Saint-Denis,	1 Machine,	1/2 cheval.
Descoins,	10, rue Beauregard,	1 Machine.	2 chevaux.

LAMINOIRS

Grillet,	6, rue Caffarelli,	1 Machine,	4 chevaux.
Morlot,	12, rue Dupetit-Thouars,	1 Petit laminoir,	1/2 cheval.
Grégoire,	213, rue Saint-Denis,	Laminoirs,	4 chevaux.
Feraud et Rousset,	169, rue Saint-Denis,	Laminoirs,	4 chevaux.
Piel,	31, rue Meslay,	Laminoirs et tours,	2 chevaux.
Sevestre,	12, rue de Crussol,	Laminoirs,	1 cheval.
Garnier,	49, rue de Turenne,	Laminoirs,	2 chevaux.

MACHINES A BRODER

Mlle Hache,	42, rue des Jeûneurs,	2 Machines,	6 kilogrammètres.
Joffroy,	211, rue Saint-Denis,	1 Machine,	6 kilogrammètres.
Lesieur,	231, rue Saint-Denis,	4 Machines,	24 kilogrammètres.

MACHINES A COUDRÉ

Évêque,	11, rue Debelleyme,		6 kilogrammètres.
Garnot et Quirin,	9, rue Beauregard,	13 Machines,	72 kilogrammètres.
Joffroy,	211, rue Saint-Denis,		6 kilogrammètres.
Léoty,	8, place de la Madeleine,	2 machines,	6 kilogrammètres.
Mauxion,	24, rue Saint-Augustin,	4 machines,	36 kilogrammètres.
Neyret et Cie,	17, rue d'Uzès,	20 machines,	120 kilogrammètres.
Sormani,	10, rue Charlot,		6 kilogrammètres.

— 9 —

MACHINES A COUDRE *(suite)*

Café Anglais,	13, boulevard des Italiens,		6 kilogrammètres.
Wilcox et Gibbs,	14, rue Sainte-Anne,	par transmission,	1 cheval.
Durst et Wild,	37 et 39, rue du Caire,	par transmission,	2 chevaux.
Chauvin,	24, rue Charlot,	par transmission,	6 kilogrammètres.
Mme Rousset,	24, rue Charlot,	par transmission,	6 kilogrammètres.
Gouret,	12, rue Clavel,	par transmission,	4 chevaux.
Lesieur,	251, rue Saint-Denis,	par transmission,	6 kilogrammètres.
Lanoë,	208, rue Saint-Maur,	par transmission,	4 chevaux.

MACHINES A COUPER LES ÉTOFFES ET MÉTAUX

Bourdeaux,	76, rue Montmartre,	Machine à couper l'étoffe,	1/2 cheval.
Bourdot,	213, rue Saint-Denis,	Machine à découper,	24 kilogrammètres.
Choteau,	27, rue des Jeûneurs,	Machine à couper l'étoffe,	1 cheval.
Chevaleau,	10, rue Paul-Lelong,	Machine à découper,	1/2 cheval.
Claise,	8, rue du Sentier,	Machine à couper l'étoffe,	24 kilogrammètres.
Digon et Lafontaine,	43, rue du Sentier,	Machine à couper l'étoffe,	24 kilogrammètres.
Dunand et Leblond,	45, rue du Sentier,	Machine à couper l'étoffe,	24 kilogrammètres.
Garnot et Quirin,	9, rue Beauregard,	Machine à couper l'étoffe,	1/2 cheval.
Hebert fils et Cie,	62, rue Saint-Denis,	Machine à couper l'étoffe,	1 cheval.
Kahn,	57, rue de Bretagne,	Machine à découper,	1 cheval.
Lepetit Charollet,	10, rue du Sentier,	2 mach. à couper les étoffes	1 cheval.
Martin,	26, faubourg du Temple,	1 mach. à couper les étoffes	1/2 cheval.
Marix,	127, rue d'Aboukir,	1 mach. à couper les étoffes	1 cheval.
Neyret et Cie,	17, rue d'Uzès,	1 mach. à couper les étoffes	24 kilogrammètres.
Polony,	61, rue Quincampoix,	1 mach. à couper les étoffes	24 kilogrammètres.
Pomeyrol,	87, rue de Turenne,	1 mach. à couper les étoffes	24 kilogrammètres.
Tourneur frères,	20, rue Réaumur,	Mach. à couper les métaux,	1 cheval.
Trichard,	47, rue Vivienne,	Mach. à couper les étoffes,	12 kilogrammètres.
Baraillon et Gex-Davion,	8, rue du Croissant,	Mach. à couper les étoffes,	24 kilogrammètres.
Bernheim-Lefi,	5, rue d'Uzès,	Mach. à couper les étoffes,	42 kilogrammètres.
Vve Oudineau,	6, rue de Cléry,	Mach. à couper les étoffes,	40 kilogrammètres.
Vorms,	60, rue des Jeûneurs,	Mach. à couper les étoffes,	40 kilogrammètres.
Leguë Hérault,	9, rue de Mulhouse,	Mach. à couper les étoffes,	1 cheval.
Dubreuil et Parmentier,	34, rue Montorgueil,	Mach. à couper les étoffes,	1/2 cheval.
Wolff,	23, faug. Poissonnière,	Mach. à couper les étoffes,	1/2 cheval.

MACHINES A HACHER

Beslot,	97, rue de Turenne.	Mach. à hacher la viande,	1/2 cheval.
Gasse,	14, rue des Halles,		1/2 cheval.
Mauler,	15, rue Montorgueil.		1 cheval.
Sconin,	132, rue Amelot,		1 cheval.
Secache,	15, rue Gaillon,	Charcuterie.	1 cheval.
Colas,	33, rue de la Chaussée-d'Antin,	Charcuterie,	1 cheval.
Frenet,	31, faubourg St-Martin,	Charcuterie,	40 kilogrammètres.
Gonin,	192, faubourg St-Honoré,	Machine à hacher.	1 cheval.

MACHINES A GLACE

Guinon,	30, rue de Grammont,	Turbine à glace,	2 chevaux.
Thomas,	16, rue Thorel,	Concasseur de glace,	1 cheval.
Bruschera,	4, rue Daunou,	Glacier,	1/2 cheval.
Abonna,	33, avenue de l'Opéra,	2 machines,	24 kilogrammètres.

3

MEULES

Estival,	16, rue Montmartre,	2 meules,	1/2 cheval.
Charbonnel,	11, rue Ménilmontant,	2 meules,	1/2 cheval.
Cussac,	45, r. des Petits-Carreaux,	1 meule,	24 kilogrammètres.
Longhi,	77, rue des Amandiers,	1 meule,	6 kilogrammètres.
Oradour,	40, rue des Blancs-Manteaux,	1 meule,	1 cheval.
Potier jeune,	28, rue de Belleville,	1 meule,	1/2 cheval.
Roussel,	51, rue Greneta,	2 meules,	1 cheval.
Veuve Mousset,	3, rue Gombaut,	2 meules,	1 cheval.
Desprats,	8, rue de la Perle,	2 meules,	4 chevaux.
Vigouroux,	Rue Montorgueil,	2 meules,	2 chevaux.
Proust,	9, rue Charlot,	2 meules,	2 chevaux.

PRESSES ET MACHINES A IMPRIMER

Le Petit Journal,	61, rue Lafayette,	9 presses,	50 chevaux.
Lefebvre,	87, passage du Caire,	Presses lithographiques,	16 chevaux.
Hayotte,	251, rue Saint-Denis,	Presses lithographiques,	4 chevaux.
Bour,	192, rue Saint-Martin,	Presses lithographiques,	4 chevaux.
Proust,	9, rue Charlot,	Presses lithographiques,	2 chevaux.
Journal la France,	142, rue Montmartre,	Presse lithographique,	1 cheval.
Lamarre,	10, rue Chapon,	Presses lithographiques,	4 chevaux.
Yves,	6, rue Thévenot,	Presse lithographique,	1 1/2 cheval.
Fréon,	36-38, passage du Caire,	Presses lithographiques,	1 cheval.
Dussac,	13, rue Thérèse,	Presse lithographique,	1 cheval.
Mourlot,	50, r. N.-D.-de-Nazareth,	Presse lithographique,	1 cheval.
Lessertisseux,	68, passage du Caire,	Presse lithographique,	4 chevaux.
Charpentier,	30, place du Marché-Saint-Honoré,	Presse lithographique,	1 cheval.
Ducoin,	157, rue du Temple,	Presse lithographique,	1 cheval.
Galabru,	43, rue de Cléry,	Presse lithographique,	1 cheval.
Delaire,	8, rue d'Angoulême,	3 presses,	4 chevaux.
Paindebled,	14, passage du Caire,	3 presses,	1/2 cheval.
Manceaux,	82, rue d'Hauteville,	3 presses,	4 chevaux.
Regnault,	5, rue Saint-Anastase,	3 presses,	1 cheval.
Andouard,	34, rue Lafayette,	3 presses,	4 chevaux.
Gallice,	54, rue de Cléry,	3 presses,	1 cheval.
Harry,	34, rue des Archives,	3 presses,	2 chevaux.
Vᵉ Butot,	72 et 74, pass. du Caire,	3 presses,	1 cheval.
Delorme,	52, rue de Provence,	3 presses,	4 chevaux.
Deplanche,	71, passage du Caire,	3 presses,	2 chevaux.
Beillet,	80, rue de Bondy,	3 presses,	6 chevaux.
Nortier,	16, rue de l'Aqueduc,	3 presses,	12 chevaux.
Sûreté du commerce,	3, rue d'Uzès,	3 presses,	24 kilogrammètres
Bady,	18, rue Charlot,	3 presses,	1 cheval.
Schiffer,	56, passage du Caire,	3 presses,	6 chevaux.
Larger,	13, rue Chapon,	Presses lithographiques,	2 chevaux.
Kurt Gubrauer,	40, rue de l'Echiquier,	Presses lithographiques,	1 cheval.
Regnault,	5, rue Saint-Anastase,	Presses à imprimer,	1 cheval.
Ledoyer,	192, faubourg St-Antoine,	Presses lithographiques,	1 cheval.
Dutheil,	102, rue de Charonne,	Presses lithographiques,	4 chevaux.
Acker,	29, r. des Petits-Champs,	Machine à imprimer,	2 chevaux.

SCIES ET FRAISES

Tantolin,	136, rue Ménilmontant,	1 fraise,	1 cheval.
Grillet,	211, rue Saint-Denis,	Scie d'ivoire,	6 chevaux.
Fraix,	118, rue d'Aboukir,	Fraise,	2 chevaux.
Sevette fils,	83, rue Vieille-du-Temple,	Scie circulaire,	2 chevaux et 1/2 cheval.
Antony,	30, rue Volta,	Scie à ruban,	2 chevaux.
Gennequin,	23, rue Poissonnière,	Menuisier,	2 chevaux.
Chauvin,	24, rue Charlot,	Scie circulaire,	4 chevaux.
Philibert,	38, rue Greneta,	Scie circulaire,	2 chevaux.
Ducordeau,	77, rue de Cléry,	Menuisier,	1 cheval.
Poirier et Plique,	38, rue Oberkampf,	Scie circulaire,	1 cheval.
Ruby,	1 et 2, rue du Nil,	Scie circulaire,	1/2 cheval.
Hamelin,	7, rue Bailly,	Scie et fraise,	4 chevaux.
Cordier,	80, rue de Cléry,	Scie circulaire,	1/2 cheval.
Burkardt,	19, rue Portefoin,	Scie circulaire,	3 chevaux 1/2.
Bernicard,	84, rue Oberkampf,	Ébéniste,	1 cheval.
Blot,	95, rue Saint-Sauveur,	Menuisier,	1/2 cheval.
Vilcoq,	15, rue Aumaire,	Scierie d'ivoire,	12 chevaux.
Courtier,	112, rue d'Aboukir,	Fraise,	2 chevaux.
Launay,	133, rue d'Aboukir,	Cartonnage,	2 de 12 kilogrammètres.
Gausse,	36, avenue de l'Opéra,	Scie d'amateur,	3 kilogrammètres.
Brinon,	32, rue Chapon,	Scie circulaire,	2 chevaux.
Petitjean,	5, passage Pecquay,	Fraises,	1/2 cheval et 1/2 cheval.
Audebert,	26, rue Sainte-Foy,	Scie à ruban,	2 chevaux.
Briais,	29, rue Saint-Augustin,	Scie à ruban,	2 chevaux.
Deperraz,	62, rue de Cléry,	Scie circulaire,	4 chevaux.
Frémont,	9, rue de Tracy,	Emballeur,	1 cheval.
Reyrbrouck,	49, rue Montorgueil,	Scie à ruban,	4 chevaux.
Hude,	17, r. N.-D.-de-Nazareth,	Scie circulaire,	1 cheval.
Flammang,	22, r. de la Folie-Méric.,	Moulurier,	2 chevaux.
Mathieu,	43, rue de Saintonge,	Scie et tour,	2 chevaux.
Serreux,	62, rue Oberkampf,	2 scies circulaires,	4 chevaux.
Le Graet,	6, rue des Forges,	Scie circulaire et à ruban,	2 chevaux.
Gillot,	154, rue Oberkampf,	2 scies et un tour,	2 chevaux.
Chauvin,	10, rue Feydeau,	3 scies circulaires,	4 chevaux.
Badersboch,	5, passage de l'Industrie,	Scie circulaire,	2 chevaux.
Delaune,	20, rue de Thorigny,	Fraise,	40 kilogrammètres.
Chardin,	59, rue des Petites-Écur.,	Scie,	2 chevaux.
Jost,	120, rue Oberkampf,	Scies et fraises,	4 chevaux.
Thomerieux,	43, rue Montmorency,	Fraises,	1 cheval.
Loichemolle,	60, rue Amelot,	Scie pour marbre,	12 chevaux.
Collet,	102, rue de Charonne,	Scie circulaire,	2 chevaux.
Marchand,	102, rue de Charonne,	Scie circulaire,	2 chevaux.
Renard,	1, rue Tiquetonne,	Scie à ruban,	1 cheval.
Veuve Lofflet	13, rue Ste-Croix-de-la-Bretonnerie,	Scie circulaire,	2 chevaux.
Desnoyers,	36, rue des Jeûneurs,	Scie à ruban,	1/2 cheval.

TOURS (divers).

Cappé,	12, rue des Petites-Écur.,	Scie,	2 chevaux.
Morel,	101, rue Saint-Denis,	Tour,	24 kilogrammètres.
Gaillard,	101, rue du Temple,	Tour à polir,	2 chevaux.

TOURS (divers) (suite).

Delle,	77, r. N.-D.-de-Nazareth,	Tour à polir,	1/2 cheval.
Aldigier,	7, rue Bailly.	2 tours à décolleter,	1 cheval.
Sautreau,	21, rue Rebeval,	Tours,	2 chevaux.
Maraval et Paris,	52, rue de Ménilmontant,	Tours à repousser,	1/2 cheval.
Samson fils aîné,	7, rue Béranger,	Tours à repousser,	1/2 cheval.
Haegeli,	86, rue de Bondy,	6 tours,	2 chevaux.
Bonnis,	11, rue Fontaine-au-Roi,	4 tours à polir,	4 chevaux.
Fondeur,	5, rue des Guillemites,	1 tour à polir,	1 cheval.
Grégoire,	219, rue Saint-Denis,	Tours à métaux,	4 chevaux.
Hervé,	21, rue Simon-le-Franc,	Tour à polir,	4 chevaux.
Chevrier,	4, rue du Vert-Bois,	6 tours à repousser,	4 chevaux.
Drouillet et fils,	49, rue Montorgueil,	Tour pour lièges,	1 cheval.
Moisy,	104, b. Richard-Lenoir,	Plusieurs tours,	1 cheval.
Claverie,	17, rue Montorgueil,	Tours à bouchons,	1/2 cheval.
Leloir frères,	14, rue Commines,	Tours,	1 cheval.
Ploquin,	158, rue Ménilmontant,	Tours,	2 chevaux.
Voydier,	80, rue de Bondy,	Tours à cristaux,	4 chevaux.
Magnen,	11, rue Tiquetonne,	Tours à grattebosser,	40 kilogrammètres.
Lefevre,	15, rue Bichat,	Tours à métaux,	4 chevaux.
Viel,	54, faubourg Saint-Denis,	1 tour à polir,	1/2 cheval.
Guillet,	6, rue des Quatre-Fils,	1 tour à polir,	2 chevaux.
Gournay,	33, rue Charlot,	2 tours à polir,	1 cheval.
Tourneur,	20, rue Réaumur,	1 tour à polir,	1 cheval.
Daffos,	104, rue du Temple,	1 tour à polir,	1/2 cheval.
Hébert,	15, rue des Minimes,	1 tour à polir,	1 cheval.
Borgest,	7, rue Charlot,	2 tours en l'air,	2 chevaux.
Sevelte,	6, rue Barbette,		1/2 cheval et 24 kilogr.
Walbert,	9, rue des Guillemites,	2 tours,	24 kilogrammètres.
Leblanc,	11, impasse Froissard,	6 tours,	2 chevaux.
Mauxion,	24, rue Saint-Augustin,	1 petit tour,	6 kilogrammètres.
Galibert,	261, rue Saint-Denis,	Tours,	2 chevaux.
Hutin,	147, rue du Temple,	Tours à repousser,	4 chevaux.
Regnault,	149, rue Saint-Denis,	2 tours,	40 kilogrammètres.
Vuilleret,	20, boulevard St-Denis,	Tours à polir,	40 kilogrammètres.
Naude,	132, faubourg St-Denis,	Tours,	4 chevaux.
Lemoine,	213, rue Saint-Denis,	Tours à polir,	40 kilogrammètres.
Beaufort,	199, rue Saint-Martin,	Tours,	2 chevaux.
Lionnet,	5, rue Debelleyme,	Tours à polir,	4 chevaux.
Arrauger,	120, rue du Temple,	Tours à polir,	40 kilogrammètres.
Morand,	114, rue de Turenne,	Tours,	2 chevaux.
Dollier,	129, faubourg du Temple,	Tours,	6 chevaux.
Delouche,	111, rue Oberkampf,	Tours,	2 chevaux.
Géron et Charnay,	11, rue Réaumur,	Tours à polir,	40 kilogrammètres.
Jacta,	26, rue du 4-Septembre,	Tours à polir,	24 kilogrammètres.
Laumond,	10, rue Gaillon,	Fabricant de pipes,	6 kilogrammètres.
Barbier,	37, rue Volta,	Fabt. de billes de billard,	4 chevaux.
Marchand,	134, rue du Temple,	Tours à repousser,	4 chevaux.
Chauvin,	24, rue Charlot,	Tours à repousser,	4 chevaux.
Molteni,	44, rue du Château-d'Eau,	Tours à métaux,	4 chevaux.
Mourey,	12, rue Fontaine-au-Roi,	Tours à grattebosser,	1 cheval.
Pecouet,	16, rue Bichat,	Tours,	2 chevaux.
Vigouroux,	68, rue Montorgueil,	Tours,	1 cheval.

TOURS (divers) (suite).

PETCHINOUK,	21, rue Chapon,	Tours à repousser,	4 chevaux.
OLLIVON,	59, rue du Temple,	Tours,	1/2 cheval.
BEUNKE,	27, rue du Vert-Bois,	Tours,	4 chevaux.
ROSTAING,	34, rue de Poitou,	Tours et Raboteurs,	4 chevaux.
SCHMITT,	56, faubourg St-Denis,	Tours,	2 chevaux.
CÉCLÉ LANGHAUSER,	99, faubourg St-Denis,	Tours à polir,	1 cheval.
GIOVANACCI ET GHELFI,	61, rue de Charonne,	Tours à polir,	2 chevaux.
MOREAU,	24, rue des Gravilliers,	Tours,	2 chevaux.
DECHALOTTE,	11, rue Bichat,	Tours,	6 chevaux.
BLANVILLAIN,	5, rue St-Anastase,	Tours,	1 cheval.
MAES,	68, rue Notre-Dame-de-Nazareth,	Tours,	6 kilogrammètres.
DUCAS,	4, impasse Froissart,	Tours,	2 chevaux.
DIETRICH,	9, rue Keller,	Tours,	4 chevaux.
TRITZ,	157, rue Saint-Maur,	Tours,	1 cheval.
AUDOUARD,	27, faubourg du Temple,	Tours,	24 kilogrammètres.

APPLICATIONS DIVERSES

BLETON,	8, 10, 12, rue Antony,	Dynamo,	2 chevaux.
BALLIN ET SIMON,	219, rue Saint-Denis,	Abonnement d'air,	
DUBRU,	54, rue Greneta,	Machine à sécher les plumes,	24 kilogrammètres.
LAUNAY,	133, rue d'Aboukir,	Cartonnages,	12 kilogrammètres.
LUCAS,	33, quai Valmy,	Machines à tarauder,	1 cheval.
LABRE,	37, rue Volta,	Affûteuse,	3 chevaux.
MILOT,	243, rue Saint-Martin,	Cisaille à cartons,	2 chevaux.
MARGE,	6, rue Sainte-Élisabeth,	Soufflerie à fourneaux,	
OLLER,	26, boul. des Capucines,	Pompe,	6 chevaux.
PINON,	10, rue Bichat,	Gaufreur de papier,	8 chevaux.
Mme ROUSSEY,	56, rue Charlot,	Machine à piquer,	6 kilogrammètres.
SAULNIER,	97, rue Charlot,	Machine à sabler,	
VIVIER,	28, rue Saint-Augustin,	Brûloir à café,	1/2 cheval.
DEYDIER,	17, rue des Petits-Carreaux,	Passementerie,	1/2 cheval.
BAGSHAVE frères,	43, rue Lafayette,	Pompe Worthington,	4 chevaux.
OUDIN,	96, boul. Richard-Lenoir,	Dorure nickelure,	4 chevaux.
GRÉGOIRE,	156, rue Saint-Denis,	Garniture de parapluies,	4 chevaux.
BERNARDIN,	5, rue Charlot,	Fabricant de chaînes,	24 kilogrammètres.
HARLÉ,	147, rue Oberkampf,	—	1 cheval.
ROGER,	6, rue des Forges,	Galvanoplastie,	1/2 cheval.
VACHERAND,	51, rue Charlot,	Machine à sabler,	1/2 cheval.
BURKARDT,	19, rue Portefoin,	Machine à percer,	1/2 cheval.
RÉVILLON,	89, r. des Petits-Champs,	Machine à dégraisser,	1/2 cheval.
HOUEL,	84, rue de Ménilmontant,	Ferblanterie,	24 kilogrammètres.
GRUHIER,	139, rue Oberkampf,	Machine à tisser,	12 kilogrammètres.
MAZEUCQ,	142, rue Saint-Denis,	Brûloir,	24 kilogrammètres.
GENET,	34, rue Beaurepaire,	Brûloir à café,	24 kilogrammètres.
AYER,	11, boul. Bonne-Nouvelle,	Moulin à café,	24 kilogrammètres.
LAMOTTE,	42, pl. du M.-St-Honoré,	Brûloir à café,	24 kilogrammètres.
ARADIE,	20, rue Réaumur,	Fourniture d'air,	
BOISSON,	100, rue Montmartre,	Presses à pilules,	4 cheval.
BARBIER,	37, rue Volta,	Tour et scie à ivoiré,	3 chevaux.
MORNAT ET GENTEUR,	77, rue Charlot,	Tours et fraises,	6 chevaux.

APPLICATIONS DIVERSES *(suite)*.

MESNILDROIT,	81, rue Rambuteau,	Métier à tisser,	1 cheval.
MICHEL,	12, faub. Saint-Denis,	Appareils à eau-de-seltz,	4 chevaux.
GENTEUR,	21, rue du Louvre,	100 machines à publicité.	
DREYFUS.	10, rue d'Enghien,	Machine à emboutir,	4 chevaux.
LEBLANC ET KUPPENHEIM,	55, rue de la Verrerie,	Galvanoplastie,	40 kilogrammètres.
QUIN,	32, rue Étienne-Marcel,	Moulin à café,	40 kilogrammètres.
AYER,	279, rue Saint-Denis,	Brûloir à café,	40 kilogrammètres.
BOUDIN,	17, rue de Turenne,	Machine à raboter,	1 cheval.
MOUROT ET FILS,	21, rue des Gravilliers,	Estampeurs,	12 chevaux.
VERDOL ET Cie,	2, rue des Amandiers,	Tours et perceuses,	4 chevaux.
MAGNIER,	14, faub. Saint-Denis,	Passementerie,	1 cheval.
BANQUE PARISIENNE,	7, rue Chauchat,	Transmis. de dépêches,	Fourniture d'air,
FOREST,	6, rue du Hanovre,	Séchage de plumes,	88 kilogrammètres.
DREYFUS,	72, faub. Saint-Denis,	Machines à emboutir,	4 chevaux.
VILCOCQ,	15, rue Aumaire,	Fabriques de peignes,	12 chevaux.
BUSTARRET ET PIAT,	151, rue Saint-Denis,	Passementerie,	1 cheval.
'GUIRBALDIES,	56, rue Chapon,	Machine à cylindrer,	4 chevaux.
LEBLANC,	8, impasse Fessard,	Dorure, argenture,	2 chevaux.
BONHOMME ET Cie,	147, rue du Temple,	Dorure, nickelure,	6 chevaux.
MOLIER,	7, impasse Saint-Claude,	Tours,	1/2 cheval.
FLAMMANG,	6, rue de Valois,	Turbine,	1 cheval.
CHAZALY,	152, boul. de Charonne,	Polissoir,	1/2 cheval.
SERRIÈRE,	82, rue Saint-Honoré,	Moulins à café,	6 kilogrammètres.
GRUBIER,	25, rue Beauregard,	Machine à carder,	2 chevaux.
LOSSENDIÈRE,	14, rue des Amandiers,	Machine à carder,	1 cheval.
BOIGE,	49, rue Étienne-Marcel,	Diverses,	6 chevaux.
	Etc., etc., etc.		

B. — RÉFRIGÉRANTS, VENTILATION ET CHAMBRES FROIDES

LA MORGUE,	Ile Saint-Louis,	Conservat. des cadavres.	
Dr DUPONT,	17, rue des Pyramides,	Aérothérapie.	3 kilogrammètres.
SANSINENA,	3, rue de Turbigo,	Réfrigérant pour la viande,	10 chevaux.
DELOYE,	159, rue du Temple,	Boucherie.	
MONTAGNES RUSSES,	26, boul. des Capucines,	Ventilation,	4 chevaux.
EDEN THÉATRE,	22, rue Caumartin,	Ventilation,	6 chevaux.
GRAND HOTEL,	12, boul. des Capucines,	2 ventilateurs,	
USINE POPP,	16, Saint-Fargeau,	Conservat. des viandes,	16 chevaux.
BOURSE DE COMMERCE,	Conservat. de viande, poisson, beurre, œufs, fruits, fromages, etc., etc.,		150 chevaux.

C. — ÉLECTRICITÉ

FORCE MOTRICE EMPLOYÉE A ALIMENTER LES STATIONS PAR ILOTS :

Rue Meyerbeer.	50 chevaux.
Place de la Madeleine.	50 —
Rue de Bondy	50 —
Passage des Panoramas.	100 —
Rue Caumartin.	150 .—
Boulevard des Capucines	50 —
Rue Sainte-Anne	20 —
Rue de Franche-Comté	20 —
Nouvelle Bastille	100 —
	590 chevaux.

STATIONS CENTRALES D'ÉLECTRICITÉ PAR ARRONDISSEMENTS :

A. Station centrale : rue Boissy-d'Anglas, cité du Retiro, desservant les Ier, IIe et VIIIe arrondissements.
Force en installation : 2,000 chevaux.

B. Station centrale : Bourse de Commerce (sous-sol), desservant les Ier, IIe et IVe arrondissements.
Force en installation : 2,000 chevaux.

C. Station centrale : rue Dieu, desservant les IIIe, IVe et XIe arrondissements.
Force en installation : 1,000 chevaux.

Force totale : 5,000 chevaux air comprimé alimentant par des accumulateurs électriques 150,000 lampes
à incandescence (1,250 chevaux réserve, 3,750 chevaux en marche).

NOMENCLATURE

ABONNÉS DESSERVIS PAR LES STATIONS DES ILOTS

Au 1ᵉʳ Juillet 1889

SERVICE MUNICIPAL, VOIE PUBLIQUE

14 candélabres rue Royale.	14 lampes à arc de 2.000 bougies chacune.
7 — place de la Madeleine. .	7 — 2.000 —
5 — boulev. de la Madeleine.	5 — 2.000 —
6 — boulevard des Capucines	6 — 2.000 —
8 — place de l'Opéra	8 — 2.000 —

TOTAL 40 candélabres   40 lampes à arc de 2.000 bougies chacune.

THÉATRES ET CONCERTS

	Chevaux	Nombre des lampes à incandescence	à arc
Théâtre des Variétés.	50	636	5
Eden-Théâtre, 22, rue Boudreau	130	100	110
Montagnes russes, 26, boulevard des Capucines	50	225	45
Bataclan, 50, boulevard Voltaire	25	92	16

HOTELS

Meurice, 228, rue de Rivoli	12	110	
De Lille et d'Albion.	40	250	

JOURNAUX

Le Figaro, 26, rue Drouot	45	570	2
Le Petit Journal, 61, rue Lafayette	50	110	7

CAFÉS RESTAURANTS

	Chevaux	incandescence	à arc
Café Américain, 4, boulevard des Capucines	»	382	»
Café Voisin, 261, rue Saint-Honoré.	16	225	»
Café Anglais, 13, boulevard des Italiens	10	106	»
Café de Paris, 41, avenue de l'Opéra.	20	229	»
Café Bignon, 32, avenue de l'Opéra.	10	63	»
Café Paillard, 2, chaussée d'Antin	10	106	»
Café Maire, 14, boulevard Saint-Denis.	10	116	»
Café Scossa, rue Drouot	10	80	»
Brasserie du Coq-d'Or, rue Montmartre.	12	119	2
Brasserie de l'Epi-d'Or, boulevard Sébastopol	12	200	2
Brasserie du Pont-Neuf, rue du Pont-Neuf.	10	70	3
Nouvelle Bastille, avenue Suffren.		1.100	20
Restaurant Sylvain, 10, rue Halévy		200	»
Restaurant Hills, boulevard des Capucines		80	»
Restaurant Durand, 2, place de la Madeleine.		160	»
Restaurant Duval, place de la Madeleine.		120	»
Bouillons Parisiens, place de la République.		»	2
Café Napolitain, boulevard des Capucines.		84	»
Café de Suède, boulevard Montmartre.		55	2
Café des Variétés, boulevard Montmartre.		60	2
Café de la Porte-Montmartre, boulevard Montmartre.		80	3

CAFÉS RESTAURANTS *(suite)*.

	Chevaux	Nombre des lampes A incandescence	A arc
Brasserie des Sorciers, boulevard Saint-Martin		»	1
Café Balthazard, boulevard Saint-Martin		76	»
Grand Café, boulevard de la Madeleine		220	8
Jacquet, café des Négociants, 42, rue du Louvre	16		
Restaurant Larue, 3, place de la Madeleine		75	4

CERCLES

Cercle du Château-d'Eau, 1, rue de Bondy		225	»
Cercle de la Presse, 6, boulevard des Capucines		60	»
Cercle de la rue Royale, 4, place de la Concorde		148	»

DIVERS

	Chevaux	A incandescence	A arc
Chouberski, 2, place de l'Opéra	10	32	2
Galabert, 10, boulevard des Capucines		12	»
Ligeron fils, 105, rue Montmartre	4	12	3
Verdier et Schultz, 13, rue d'Uzès	10	98	»
Loeb, 59, rue des Francs-Bourgeois	4	10	4
Hamel, galerie Montpensier, 30	4	3	4
Thomas, rue Thorel	4	14	1
Mannoury, 2, boulevard Saint-Martin		40	»
Ayer, 11, boulevard Bonne-Nouvelle	4	»	2
Foissin, 127, faubourg du Temple	2	»	2
Lebaudy, 20, place Vendôme	20	150	»
Reggio, 36, boulevard Sébastopol	4	24	1
Carré, 102, boulevard Sébastopol	2	»	2
Fremy, 36, rue de Turbigo	6	10	3
Gautier, 15, rue des Innocents	2	16	»
Magasins des Travailleurs, 45, boulevard Voltaire	30	120	18
Lepetit Charollet, 10, rue du Sentier	12	130	»
Victor Popp, 22, rue d'Aumale	6	220	»
Baron Deslandes, 20, rue de La Rochefoucauld	4	120	2
Léoti fils, 8, place de la Madeleine		34	»
Neilhac, 10, place de la Madeleine		20	»
Simon, 10, boulevard des Capucines		9	»
Jendel, 38, rue Drouot		4	»
Dr Debauve, 26, rue Drouot		2	»
De Saint-Albin, 26, rue Drouot		26	
Bourgeon, place de la Madeleine		15	
Oppenheimer, 5, boulevard des Capucines		57	4
Bloch, 5, boulevard des Capucines		»	3
Duvelleroy, 17, passage des Panoramas		19	2
De Castellane, 26, rue Drouot		10	»
Legrand, 5, rue Meyerbeer		50	»
Lefevre, passage du Caire	6	60	
Schloessing, 223, rue Saint-Honoré			2
Etc., etc., etc.			

Abonnements demandés et en installation au 1er juillet 1889 dans les voies suivantes :
Rue Boissy-d'Anglas, rue Royale, place de la Madeleine, boulevard de la Madeleine, boulevard des Capucines, place de l'Opéra, avenue de l'Opéra, rue Saint-Honoré, rue de Rivoli, boulevard Sébastopol, rue de Turbigo, boulevard Saint-Martin, rue Saint-Martin, rue des Halles, rue Étienne-Marcel, Bourse de Commerce. Total : 9,800 lampes à incandescence et 350 à arc.

DISTRIBUTION HORAIRE

SYSTÈME APPLIQUÉ A PARIS PAR LA COMPAGNIE PARISIENNE

DE L'AIR COMPRIMÉ

Depuis 1879

L'air comprimé est un agent parfait pour la transmission de l'heure, car c'est dans cette application, qui peut être divisée à l'infini, qu'il faut à la fois une grande simplicité de mouvement, une grande sûreté dans les organes automatiques.

La distribution horaire par l'air comprimé se compose essentiellement d'une conduite à basse pression, spéciale à ce service, à travers laquelle une série de pulsations se produit de minute en minute, par le seul fait d'un déclenchement automatique d'une horloge centrale, placée à un point quelconque de la conduite.

Ces pulsations agissent sur un petit soufflet établi à l'intérieur des pendules ou horloges. Ce soufflet commande lui-même une roue dentée sur laquelle sont fixées les aiguilles du cadran de dimensions quelconques. A chaque pulsation, le soufflet s'élève, fait avancer d'un cran la roue dentée et, à ce moment précis, les aiguilles de toutes les horloges ou pendules posées sur la conduite avancent d'une minute et *ne peuvent pas ne pas avancer*. De telle sorte que deux pendules, placées chacune aux points extrêmes de la conduite, donnent mathématiquement la même indication.

Il est évident que, disposant d'une force pour ainsi dire illimitée, on peut utilement appliquer l'air comprimé aux carillons, quel que soit le poids des battants. En un mot, là encore, l'air comprimé remplace avantageusement l'électricité. L'objection d'une conduite spéciale d'une grande étendue pour l'exploitation d'un service très intéressant, mais d'une importance secondaire, comparée aux autres applications de l'air, n'existe même pas, car, en branchant sur les conduites horaires des réservoirs dont l'alimentation se fait par un clapet s'ouvrant de l'extérieur à l'intérieur, on pourra desservir par l'air comprimé dans ces réservoirs toutes les petites applications d'air qui ne nécessitent qu'une faible pression, comme les sonneries, le chauffage et l'éclairage au pétrole, en un mot presque toutes les applications domestiques.

N. B. — Pour les autres applications de l'air comprimé, se reporter aux première et deuxième pages de cette brochure.

NOMENCLATURE

DES

VOIES PUBLIQUES CANALISÉES

POUR

LA DISTRIBUTION HORAIRE PAR L'AIR COMPRIMÉ

DANS PARIS

Au 1er Juillet 1889

LONGUEUR TOTALE DES CONDUITES: 65,000 MÈTRES

1er ARRONDISSEMENT

Rue d'Argenteuil.
Rue d'Alger.
Rue de l'Arbre-Sec.
Rue Bertin-Poirée.
Rue des Bourdonnais.
Rue Boucher.
Rue du Bouloi.
Rue des Bons-Enfants.
Rue Baillif.
Rue du Beaujolais.
Rue Berger.
Rue Baltard.
Rue Castiglione.
Rue Coquillière.
Rue Croix-des-Petits-Champs.
Rue Coq-Héron.
Rue Cambon.
Rue de la Cossonnerie.
Rue des Capucines.
Rue du Cygne.
Rue des Deux-Écus.
Rue des Deux-Boules.
Rue Duphot.
Rue Étienne-Marcel.
Rue de l'Echelle.
Place de l'École.
Rue Française.
Rue de la Ferronnerie.
Rue de la Grande-Truanderie.
Rue Gomboust.
Rue des Halles.
Rue des Innocents.
Rue Jean-Jacques-Rousseau.
Rue Jean-Lantier.

1er ARRONDISSEMENT (suite).

Quai du Louvre.
Place du Louvre.
Rue de la Lingerie.
Rue des Lombards.
Rue des Lavandières.
Rue du Louvre.
Rue de La Vrillière.
Rue Molière.
Rue des Moulins.
Rue de la Monnaie.
Rue du Marché Saint-Honoré.
Place du Marché-Saint-Honoré.
Rue Montesquieu.
Rue Montpensier.
Rue Mont-Thabor.
Rue Montorgueil.
Boulevard Montmartre.
Quai de la Mégisserie.
Rue Mondovi.
Rue Mondétour.
Rue Mauconseil.
Rue Oblin.
Rue Oratoire.
Avenue de l'Opéra.
Rue des Pyramides.
Rue du Pont-Neuf.
Place du Palais-Royal.
Rue Pierre-Lescot.
Pavillon de Flore.
Rue des Prouvaires.
Rue des Petits-Champs.
Rue des Prêtres-Saint-Germain.
Rue de la Poterie.
Rue Richelieu.

1er ARRONDISSEMENT *(suite).*

Rue Richepanse.
Rue Rouget-de-l'Isle.
Rue Rivoli.
Rue du Roule.
Rue de Rohan.
Rue de la Réale.
Rue de la Reynie.
Rue Sainte-Opportune.
Rue Saint-Roch.
Rue Sainte-Anne.
Rue Saint-Germain-l'Auxerrois.
Rue Saint-Honoré.
Rue Saint-Florentin.
Boulevard Sébastopol.
Rue Saint-Denis.
Rue de la Sourdière.
Rue de Turbigo.
Rue des Tuileries.
Place du Théâtre-Français.
Rue Tiquetonne.
Place Vendôme.
Rue de Valois.
Rue Ventadour.
Rue du Vingt-Neuf-Juillet.
Rue Vauvilliers.
Rue Villedo.
Avenue Victoria.
Rue Vivienne.
Place des Victoires.
Rue Rambuteau.
Rue Thérèse.

2e ARRONDISSEMENT

Rue d'Antin.
Rue d'Aboukir.
Rue d'Amboise.
Rue Brongniart.
Rue de la Banque.
Place de la Bourse.
Boulevard Bonne-Nouvelle.
Rue Blondel.
Rue de la Bourse.
Rue Boïeldieu.
Rue du Caire.
Rue de Choiseul.
Rue du Croissant.
Rue Colbert.
Rue des Capucines.
Boulevard des Capucines,
Rue Daunou.
Rue Dussoubs.
Rue Dalayrac.

2e ARRONDISSEMENT *(suite).*

Rue Étienne-Marcel.
Rue Française.
Rue Feydeau.
Rue des Filles-Saint-Thomas.
Rue Gaillon.
Rue de Grammont.
Rue de Grétry.
Rue de Hanovre.
Boulevard des Italiens.
Rue des Jeûneurs.
Rue du Louvre.
Rue de la Lune.
Rue Louvois.
Rue Montorgueil.
Boulevard Montmartre.
Rue Marivaux.
Rue du Mail.
Rue Montmartre.
Rue Mandar.
Rue Méhul.
Rue Marsollier.
Rue Monsigny.
Rue Notre-Dame-des-Victoires.
Rue Notre-Dame-de-Recouvrance.
Boulevard Bonne-Nouvelle.
Place de l'Opéra.
Rue de la Paix.
Rue Palestro.
Rue du Ponceau.
Rue Paul-Lelong.
Place des Petits-Pères.
Rue des Petits-Champs.
Rue Poissonnière.
Boulevard Poissonnière.
Rue des Petits-Pères.
Rue des Petits-Carreaux.
Rue du Port-Mahon.
Rue du Quatre-Septembre.
Rue Richelieu,
Rue Rameau,
Rue Sainte-Anne,
Boulevard Sébastopol,
Rue Saint-Denis,
Rue Saint-Sauveur,
Rue Saint-Fiacre,
Rue Saint-Joseph.
Rue du Sentier.
Rue Saint-Augustin,
Rue Sainte-Apolline.
Boulevard Saint-Denis,
Rue Saint-Marc,
Rue de Turbigo.
Rue de Tracy,

2ᵉ ARRONDISSEMENT (suite).

Rue Tiquetonne.
Rue d'Uzès.
Rue de Volney.
Rue Vivienne.
Rue Vide-Gousset.
Place des Victoires.

3ᵉ ARRONDISSEMENT

Rue Blondel.
Boulevard Sébastopol.
Rue Sainte-Apolline.
Boulevard Saint-Denis.

4ᵉ ARRONDISSEMENT

Rue Rivoli.
Boulevard Sébastopol.

8ᵉ ARRONDISSEMENT

Rue Basse-du-Rempart.
Rue Boissy-d'Anglas.
Rue Duphot.
Boulevard Haussmann.
Pourtour de la Madeleine.
Rue des Mathurins.
Boulevard de la Madeleine.
Rue Royale.
Rue Saint-Philippe.
Rue Saint-Honoré.
Rue Saint-Florentin.
Rue du Faubourg-Saint-Honoré.

9ᵉ ARRONDISSEMENT

Rue Basse-du-Rempart.
Rue de la Boule-Rouge.

9ᵉ ARRONDISSEMENT (suite).

Rue Bergère.
Rue Cadet.
Rue Chauchat.
Rue Charras.
Rue de la Chaussée-d'Antin.
Rue Caumartin.
Boulevard des Capucines.
Rue du Conservatoire.
Rue Drouot.
Rue Grange-Batelière.
Rue Geoffroy-Marie.
Boulevard Haussmann.
Rue Halévy.
Rue du Helder.
Boulevard des Italiens.
Rue Laffitte.
Rue Le Peletier.
Rue Lafayette.
Rue des Mathurins.
Boulevard de la Madeleine.
Faubourg Montmartre.
Rue Montyon.
Place de l'Opéra.
Rue de Provence.
Boulevard Poissonnière.
Faubourg Poissonnière.
Rue Richer.
Cité Rougemont.
Rue Scribe.
Rue Sainte-Cécile.
Rue Taitbout.
Rue Tronchet.
Rue de Trévise.

10ᵉ ARRONDISSEMENT

Boulevard Bonne-Nouvelle.
Faubourg Poissonnière.
Boulevard Saint-Denis.

NOMENCLATURE

DES

ABONNÉS DU SERVICE HORAIRE

Au 1ᵉʳ Juillet 1889

DANS PARIS

I. SERVICE MUNICIPAL

A. VOIE PUBLIQUE

1 Candélabre à 3 cadrans,	place de la Madeleine.
2 Candélabres à 3 —	boulevard Haussmann.
1 Candélabre à 3 —	rue Lafayette.
1 — à 3 —	place du Théâtre-Français.
5 Candélabres à 2 —	entre le boul. de la Madeleine et le boul. St-Martin.
2 — à 2 —	rue de Rivoli.
1 Candélabre à 2 —	rue Montmartre.
1 — à 2 —	quai des Tuileries.
1 — à 2 —	rue des Petits-Champs.

B. KIOSQUES DES VOITURES (double cadran).

Place de la Madeleine,	Marché aux Fleurs.
Boulevard des Capucines,	nº 26.
Boulevard des Italiens,	nº 25 et 3 rue du Helder.
Rue Lafayette,	nº 13.
Boulevard Montmartre,	nᵒˢ 16 et 6.
Boulevard Poissonnière,	nº 16.
Rue Montyon.	
Boulevard Bonne-Nouvelle,	nº 19.
Boulevard Saint-Denis,	nº 5.
Rue de Mondovi,	angle de la rue du Mont-Thabor.
Rue Rameau,	angle de la rue de Chabanais.
Rue Baillif,	angle de la rue Radziwill.
Rue du Louvre,	Saint-Germain-l'Auxerrois.
Quai du Louvre,	Place des Écoles.
Quai de la Mégisserie,	en face la rue des Lavandières.
Pointe Saint-Eustache,	devant l'Église.
Boulevard Sébastopol,	en face l'Église Saint-Leu.
Place des Victoires,	
Place du Caire.	
Marché Saint-Honoré.	
Place de la Bourse.	
Place du Théâtre-Français.	

C. HALLES CENTRALES (46 horloges).

II. SERVICE PRIVÉ

A. JOURNAUX (199 pendules)

Le Temps.
Le Gaulois.
Le Rappel.
La France.
New York Hérald.
Gil Blas.
Le Figaro.
Le Matin.
L'Intransigeant.
La Liberté.
La Presse.
Le Radical.
La Nation.
La Patrie.
Courrier du Soir.
Paris.
Le National.

L'Autorité.
La Lanterne.
La Nouvelle Presse.
La Petite République.
La Meunerie Française.
Le Travail.
Bulletin des Halles.
Journal Général des Affiches.
Journal Financier.
Revue Financière.
Réveil Financier.
Paris-Bourse.
Bourse Nationale.
La Finance Nouvelle.
Le Jockey.
Le Franklin.
Gazette Espagnole et Portugaise.

B. HOTELS (1,790 pendules)

Hôtel Bellevue.
Hôtel du Louvre.
Hôtel Binda.
Hôtel Meurice.
Hôtel de Lille et d'Albion.
Grand Hôtel (650 pendules).
Hôtel de Russie.
Hôtel Saint-James.
Hôtel du Helder.
Hôtel Dominici.
Hôtel Doré.

Hôtel du Rhin.
Hôtel de Hollande.
Hôtel Saint-Pétersbourg.
Hôtel Cusset.
Hôtel Rivoli.
Hôtel Continental.
Hôtel de l'Amirauté.
Hôtel de la Tamise.
Hôtel du Coq-Héron.
Hôtel de Trévise.

C. CERCLES (138 pendules)

Cercle Militaire.
Cercle de l'Union Artistique.
Cercle des Journalistes.
Cercle de la Presse.
Cercle de l'École d'Escrime.
Cercle de l'Union.

Cercle Commercial du Louvre.
Cercle Franco-Américain.
Le Yack Club.
Union Musicale.
Cercle Molière.

D. CAFÉS ET RESTAURANTS (118 pendules)

Café de Paris.
Café Anglais.
Café Sylvain.
Café Voisin.
Café Paillard.
Restaurant Lemardelay.
Restaurant Noël Peters.
Restaurant Julien.

Restaurant Véfour.
Restaurant Durand.
Bouillons Parisiens.
Restaurant Escoffier.
Café de Suède.
Café de la Porte Montmartre.
Café des Variétés.
Café Doré.

E. COMPAGNIE D'ASSURANCES, CONCERTS, SPECTACLES, COMPAGNIES DIVERSES, GRANDS ÉTABLISSEMENTS, ETC., ETC. (548 pendules)

Eden-Théâtre.
Théâtre des Variétés.
Montagnes Russes.
Folies-Bergère.
Nouveau Cirque.
Magasins du Louvre.
Magasins du Printemps.
Bourse du Commerce.
Belle Jardinière.
Magasins du Pont-Neuf.
Crédit Lyonnais.
Banque Parisienne.
Administration des Domaines.
Banque Russe et Française.
Société des Immeubles de France.
Compagnie Internationale des Wagons-Lits.
Compagnie Centrale des Cafés-Restaurants.
Compagnie générale des Petites Voitures.
Le Hammam.
Agence générale des auteurs et compositeurs de musique.

Comptoir Commercial et Immobilier.
La Vieille Montagne.
Compagnie Foncière de France et d'Algérie.
Compagnie des Tramways de Saint-Étienne.
Compagnie des Entrepôts et Magasins Généraux de Paris.
La Mutuelle de Valence.
La Munich.
Compagnie d'assurance contre les accidents.
Compagnie du Canal Maritime de Suez.
Compagnie de la Côte d'Or d'Afrique.
Compagnie d'assurance éternelle.
Compagnie Foncière de France.
Compagnie Française du Linoléum.
Compagnie d'assurance la France.
Compagnie des Mines de Rio Tinto.
L'Ouest.
Compagnie des Houillères d'Ahun.
L'Urbaine.
Compagnie Royale des Chemins de fer Portugais.
Compagnie Générale Transatlantique.
etc., etc., etc.

F. PARTICULIERS (3,021 pendules)

IMPRIMERIE CENTRALE DES CHEMINS DE FER. — IMPRIMERIE CHAIX. — RUE BERGÈRE, 20, PARIS. — 23351-9-9.

USINE POUR LA PRODUCTION DE L'AIR COMPRIMÉ

DE LA

COMPAGNIE PARISIENNE DE L'AIR COMPRIMÉ (PROCEDÉS VICTOR POPP)

à PARIS, 8 à 16, rue Saint-Fargeau.

Salle des Machines.

USINE POUR LA PRODUCTION DE L'AIR COMPRIMÉ

COMPAGNIE PARISIENNE DE L'AIR COMPRIMÉ (PROCÉDÉS VICTOR POPP)

à PARIS, 8 à 16, rue Saint-Fargeau.

Salle des Chaudières.

USINE POUR LA PRODUCTION DE L'AIR COMPRIMÉ

DE LA

COMPAGNIE PARISIENNE DE L'AIR COMPRIMÉ (PROCÉDÉS VICTOR POPP)

À PARIS, 8 à 16, rue Saint-Fargeau.

Vue d'ensemble.

www.ingramcontent.com/pod-product-compliance
Lightning Source LLC
Chambersburg PA
CBHW060526200326
41520CB00017B/5144